Gabriele Jepsen

D1723102

Kreuzstich
Wildblumen

Ravensburger Buchverlag

Zur Autorin:

Gabriele Jepsen, geboren 1961, lebt in einem kleinen Dorf in Schleswig-Holstein. Seit ihrer Kindheit beschäftigt sie sich mit den verschiedensten Handarbeits- und Maltechniken. Die Stickerei mit ihren vielseitigen Gestaltungs- und Verwendungsmöglichkeiten hat es ihr im Besonderen angetan, woraus bereits mehrere Buchveröffentlichungen zu diesem Thema resultierten.

Die Deutsche Bibliothek – CIP-Einheitsaufnahme

Kreuzstich-Wildblumen/Gabriele Jepsen. – Ravensburg: Ravensburger Buchverl., 1997
(Ravensburger Hobby: Textiles Gestalten)
ISBN 3-473-42498-6

© 1997 Ravensburger Buchverlag
Alle Rechte vorbehalten
Fotos: Roland Krieg
Foto Seite 4: Ernst Fesseler
Redaktion: Hildrun Lachmann
Umschlaggestaltung: Dirk Lieb
Umschlagfoto: Roland Krieg
Zählvorlagen und Zeichnungen:
Gabriele Jepsen, Ekkehard Drechsel (Seite 8)
Satz: DTP – QuarkXPress 3.31
Gesamtherstellung: Himmer, Augsburg
Printed in Germany

Die Schreibweise entspricht den Regeln der neuen Rechtschreibung

97 98 99   3 2 1

ISBN 3-473-42498-6

Inhalt

Wild wachsende Blumen werden vielfach als Unkraut bezeichnet. Die Stickereien zeigen, dass diese Geringschätzung den oft wunderschönen Blüten nicht gerecht wird.

Blumen in all ihrer Vielfalt sind von jeher ein beliebtes Thema für jede Art von Stickerei, denn es gibt kaum etwas Abwechslungsreicheres als diese „naturalistischen" Stickvorlagen. Oft werden jedoch die prächtigen Gartenblumen wie Rosen, Tulpen, Narzissen oder Nelken als Vorlagen zum Nachsticken bevorzugt. Wild wachsende Blumen bieten zwar auch eine Reihe sehr eindrucksvoller Vertreter, aber in den meisten Fällen sind sie eher klein und unscheinbar – zumindest auf den ersten Blick. Was zur Folge hat, dass sie oft als Unkraut bezeichnet werden. Sehr zu Unrecht!
Als ich mich für dieses Buch auf die Motivsuche begab, habe ich mir die wild wachsenden Pflanzen und ihre

Blüten einmal genauer betrachtet: Fingerhut und Heckenrose z. B. wirken allein durch ihre Größe schon sehr beeindruckend, und ich wäre nicht auf die Idee gekommen, sie als Unkraut zu bezeichnen. Mohn, Löwenzahn und Ackerwinde bilden sozusagen die Mittelklasse – sie sind eben richtige Wildpflanzen. Doch dann musste ich mich tiefer bücken, um Blätter und Blüten von Waldsauerklee, Ruprechtskraut, Bittersüß und Schuppenmiere ganz genau betrachten zu können. Dabei entdeckte ich, dass sich gerade diese Pflanzen durch besondere Schönheit auszeichnen. Auch wenn die Blüten sehr zart und klein sind, so sind sie doch oft viel feiner gezeichnet als die großen, auffallenden

und imponieren nicht selten durch viele filigrane Details, die auf einer minimalen Fläche „untergebracht" sind. Wahre Wunderwerke der Natur.
Seit dieser etwas eingehenderen Beschäftigung mit dem sogenannten „Unkraut" habe ich dieses Wort aus meinem Sprachschatz gestrichen.
Ich hoffe, ich kann Sie mit dem vorliegenden Buch überzeugen, dass auch die „bescheidenen" Wildblumen es wert sind, Vorlage für Ihre nächste Handarbeit zu werden. In diesem Sinne wünsche ich Ihnen viel Spaß beim Sticken und beim nächsten – vielleicht etwas genaueren – Blick auf die wild wachsende Natur.

Ihre Gabriele Jepsen

Die Kreuzstichtechnik ist für die Darstellung von Blüten ideal geeignet, besonders, wenn als Stickgrund ein eher fein gewebter Stoff verwendet wird.

Der Kreuzstich

Jeder Kreuzstich besteht aus zwei Stichen: einem Grund- bzw. Unterstich und einem Deckstich. Beide Stiche werden über die gleiche Anzahl von Gewebefäden ausgeführt, sodass der komplette Kreuzstich ein kleines Quadrat bildet. Der Kreuzstich kann in waagerechten oder senkrechten Reihen, aber auch in diagonaler Anordnung ausgeführt werden.

Bei waagerechten Reihen werden in der Hinreihe zunächst alle Grundstiche ausgeführt, in der Rückreihe dann die Deckstiche. Wichtig für ein einheitliches Stickbild ist, dass alle Deckstiche einer Stickarbeit in die gleiche Richtung zeigen.

Bei senkrechten Reihen wird in der Regel jedes Kreuz einzeln fertig gestickt, bevor man zum nächsten Kreuz übergeht. Auf diese Weise entsteht nicht nur ein harmonisches Stickbild auf der Vorderseite, son-

dern auch eine schöne, saubere Rückseite.

Das Gleiche gilt übrigens auch bei der diagonalen Anordnung, wo ebenfalls jedes Kreuz einzeln fertig gestellt wird.

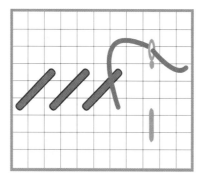

Beim Kreuzstich in waagerechten Reihen wird in der Hinreihe der Grundstich von links unten nach rechts oben gestickt. Die Fäden auf der Rückseite verlaufen senkrecht.

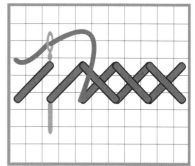

In der Rückreihe wird der Deckstich von rechts unten nach links oben ausgeführt. Die Deckstiche einer Stickerei müssen immer in die gleiche Richtung zeigen.

Wie die verschiedenen Sticharten ausgeführt werden, wird mit den hier gezeigten Zeichnungen erklärt.

Der Steppstich

In Kombination mit dem Kreuzstich wird oft der Steppstich angewandt, denn er eignet sich hervorragend zur Konturierung.
Die Nadel wird (entsprechend der Einstichlöcher der Kreuzstiche) von unten durch den Stoff geführt und in der Breite eines Kreuzstichs nach rechts eingestochen. Nun werden auf der linken Seite des Stoffs zwei Kreuzstiche nach links übersprungen, und die Nadel erscheint um eine Kreuzstichbreite versetzt neben der ersten Ausstichstelle.

Die Zählvorlagen

Alle Kreuzstichstickereien werden nach einer Zählvorlage, auch Stickschrift genannt, ausgeführt. Diese besteht aus einem quadratischen Raster. Jedes mit einer Farbe ausgefüllte Rasterkästchen steht für einen auszuführenden Kreuzstich.
Im vorliegenden Buch sind die Stickschriften farbig ausgeführt und daher besonders leicht zu lesen. Zu jeder Farbe finden Sie, im Anschluss an die Materialangaben für das jeweilige Motiv, die entsprechende Garnnummer der Firma Coats Mez, mit deren Garnen alle Stickereien in diesem Buch ausgeführt wurden.

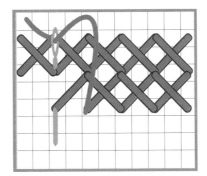

Bei mehreren untereinander angeordneten waagerechten Reihen entsprechen die Einstichlöcher der Vorreihe denen der neuen Kreuzstichreihe.

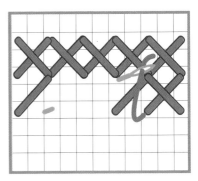

Wird eine Kreuzstichreihe durch einen Farbwechsel unterbrochen, wird die Nadel auf der Rückseite des Stoffs durch einen schrägen Stich zur richtigen Ausstichstelle geführt.

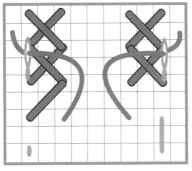

Bei senkrechten Reihen wird jeder Kreuzstich einzeln fertig gestickt. Beim Übergang zum nächsten Kreuz – und auch bei Reihenanfängen – muss die Nadel die doppelte Anzahl Gewebefäden überspringen.

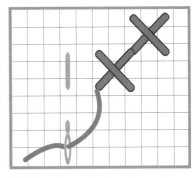

Bei einer diagonalen Anordnung der Kreuzstiche wird ebenfalls jedes Kreuz einzeln fertig gestickt.

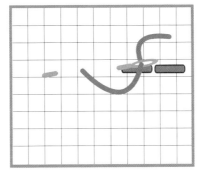

Beim Steppstich wird die Nadel von unten durch den Stoff geführt und in der Breite eines Kreuzstichs nach rechts eingestochen. Auf der Unterseite werden nun zwei Kreuzstiche nach links

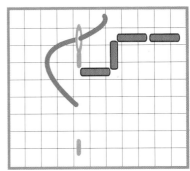

übersprungen, sodass die Nadel um eine Kreuzstichbreite versetzt neben der ersten Ausstichstelle erscheint. Die Zeichnung oben rechts zeigt die Verfahrensweise bei Reihensprüngen.

Schleifen

Einige Motive in diesem Buch sind auf Bändern gearbeitet, deren Enden in einer Spitze auslaufen. Diesen Abschluss sollten Sie vor dem Sticken arbeiten, damit Sie zum einen den richtigen Anfang für die Stickerei auszählen können, zum anderen die unversäuberte Kante während der Arbeit nicht ausfranst.

Legen Sie die Schnittkante etwa 1 cm breit auf die linke Seite um und nähen Sie diesen einfachen Saum fest. Danach werden die Ecken zu einer Spitze gelegt und die Stoßkanten unsichtbar von Hand aneinandergenäht. Führen Sie die Nadel direkt in die doppelt liegende Kante und fassen Sie im Wechsel jeweils zwei Fäden der einen, dann der anderen Seite auf.

Soll das fertig bestickte Band zu einer Schleife gebunden werden (wie z. B. bei der Türschleife von Seite 22/23), wird es am besten zu einer sogenannten Biedermeierschleife gelegt. Dazu werden die Enden übereinander gelegt und die Mitte der hinten liegenden Schlaufe an den Kreuzungspunkt gedrückt. An diesem Punkt wird dann die Schleife mit einem starken Faden, einem Satinband oder einem Reststück des bestickten Bandes zusammengerafft.

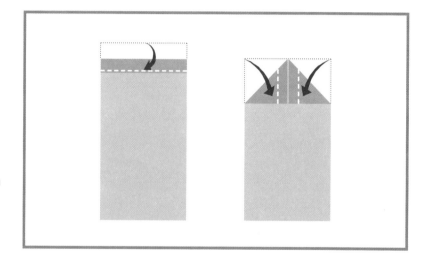

Bei Bändern sollten Sie die Enden vor dem Sticken versäubern. Eine Spitze sieht besonders schön aus, wenn das Band später zu einer Schleife gebunden wird. Erst die Schnittkante etwa 1 cm breit nach links umschlagen und festnähen. Dann die beiden Ecken zu einer Spitze legen und die Kanten unsichtbar aneinander nähen.

Für eine Biedermeierschleife werden erst die Enden übereinandergelegt (links), dann die Mitte der hinten liegenden Schlaufe an den Kreuzungspunkt gedrückt (rechts). Gehalten wird die Schleife mit einem hübschen Band oder einem Reststück des Stoffs.

Stoffe

Grundlage für eine saubere und damit schöne Kreuzsticharbeit ist ein gleichmäßig gewebter Stoff. Senkrecht- und Querfäden gleicher Anzahl müssen ein Quadrat ergeben. Bei der Stoffauswahl sollten Sie auf eine gute Qualität achten. Ich bevorzuge Naturmaterialien wie Leinen und Baumwolle, weil sie sich am leichtesten pflegen lassen und mit den Baumwollgarnen harmonieren. In üblicher Bindung wird der Kreuzstich über 2 x 2 Gewebefäden in Höhe und Breite gestickt. Alternativ werden Aidastoffe mit waffelförmiger Webung angeboten, bei denen das Zählen einzelner Fäden entfällt. Für die in diesem Buch vorgestellten Modelle wurden Stoffe und Bänder der Firma Zweigart & Sawitzki (Postfach 120, 71043 Sindelfingen) eingesetzt, die üblicherweise in jedem Handarbeitsgeschäft erhältlich sind. Wenn Sie auf einem anderen als dem angegebenen Stoff arbeiten wollen, achten Sie bitte auf die angegebene Anzahl Gewebefäden pro Zentimeter; differiert diese Zahl, wird sich das Motiv entsprechend verkleinern oder vergrößern.

Garne

Für Kreuzsticharbeiten können Sticktwiste, Mattstickgarne oder Vierfachstickgarne eingesetzt werden. Für die in diesem Buch vorgestellten Motive wurde ausschließlich das

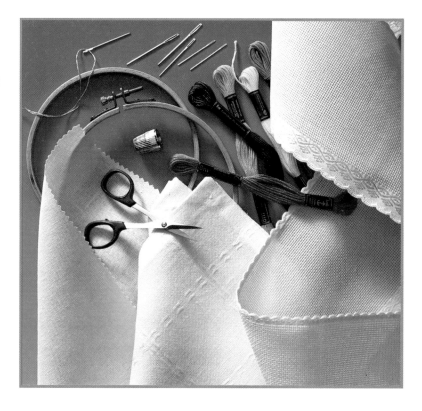

gebräuchlichste Garn, der sechsfach gezwirnte Sticktwist, verwendet. Er glänzt leicht und ist sehr geschmeidig. Der Faden kann je nach Gewebedichte und Geschmack geteilt werden. Bei einer mittleren Stoffdichte und einem zweifädigen Arbeitsfaden wirkt die Stickerei feiner, vierfädig erhält sie eher Gobelincharakter. Zu den einzelnen Motiven finden Sie jeweils eine Angabe über die Anzahl der genutzten Fäden. Die im Buch verwendeten Anchor Sticktwiste der Firma Coats Mez GmbH (Postfach 1179, 79337 Kenzingen) sind aus Baumwolle und licht- und kochecht gefärbt. In Kombination mit Stoffen aus Naturfasern sind die fertigen Stickereien also optimal zu pflegen.

Nadeln

Für jede Art der Zählstickerei – und damit auch der Kreuzstichstickerei – sollten Sie eine Nadel mit stumpfer Spitze benutzen. So können Sie vermeiden, dass einzelne Gewebefäden durchstochen werden. Ist das nämlich passiert, muss der Arbeitsfaden aus der Nadel geholt, der Stich wieder aufgemacht und der Faden erneut eingefädelt werden ... Sticken Sie zweifädig, wählen Sie am besten Nadelstärken zwischen 22 und 24, bei dreifädigem Twist sind Nadeln der Stärken 20 bis 23 die richtige Wahl.

Sumpfdotterblume

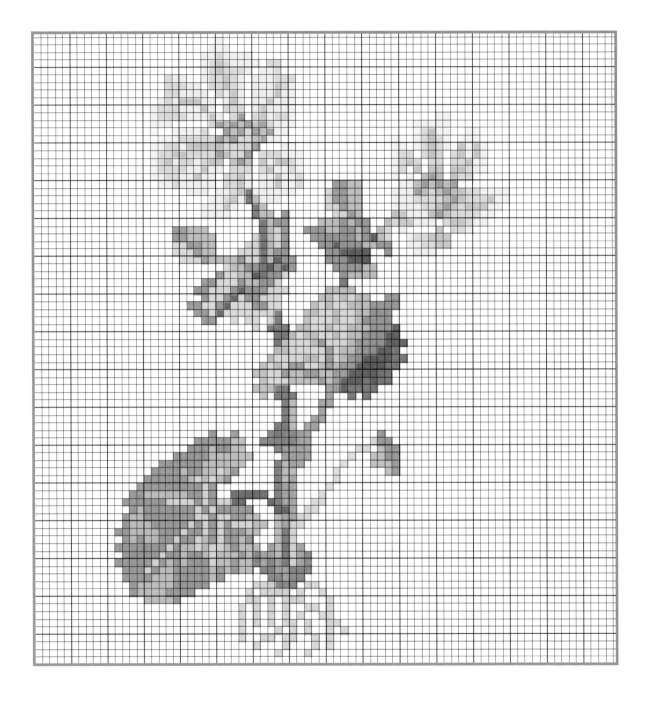

Motiv-Fertigmaß: 14 x 9,2 cm

Material:
- Stoff „Annabelle" von Zweigart (3240/100) mit ca. 112 Fäden per 10 cm
- Anchor Sticktwist in den folgenden Farben:

290	306	203	307
302	291	860	242
268	890	401	244
874			

Caltha palustris

Die Sumpfdotterblume ist ein echter Frühlingsbote. Schon im März setzt sie mit ihren leuchtend gelben Blüten und den glänzenden Blättern frische Farbtupfer in die ansonsten noch triste Natur. Ihr Name sagt schon einiges über ihre Bedürfnisse aus: Sie liebt „nasse Füße" und wächst daher an Bächen und Quellen sowie in Sumpfgebieten. Wegen der ähnlich aussehenden Blüten wird sie – trotz unterschiedlicher Blatt-formen – oft mit dem Scharfen Hahnenfuß (s. Seite 26) verwechselt. Da dieser aber vorzugsweise auf Weiden und Wiesen wächst, kann schon der Standort bei der richtigen Bestimmung helfen. Sticken Sie dieses Motiv zweifädig über 2 x 2 Gewebefäden.

Digitalis purpurea

Die meist purpurfarbenen, auf der Innenseite behaarten Blüten sind teilweise bis zu 6 cm groß. Die mit 1 bis 2 m Höhe beeindruckende Pflanze wächst an Hängen, Wald-wegen und Lichtungen. Vorsicht, denn sie ist giftig!

Kissen

Auf einem weißen Kissen kommen die prächtigen Blüten besonders gut zur Geltung. Die Kreuz- und die Steppstiche werden zweifädig über 2 x 2 Gewebefäden gestickt.

Motiv-Fertigmaß: 17,5 x 10,6 cm

Material:

- je nach Kissen ca. 100 x 50 cm Stoff „Annabelle" von Zweigart (3240/100), 112 Fäden per 10 cm

- Anchor Sticktwist in den folgen-den Farben:

213	875	876	879
300	342	877	100
102	96	97	236
214			

Viola tricolor

Der lateinische Name des Stiefmütterchens klingt nicht nur sehr „malerisch", die Blüten sehen durch die unterschiedlich gefärbten Blütenblätter und die strahlenförmige Zeichnung in der Mitte auch wie gemalt aus.

Mit 1 bis 2,5 cm Größe sind die Blüten der Wildpflanze wesentlich kleiner als die des kultivierten Garten-Stiefmütterchens.

Set

Hier schmückt das Wilde Stiefmütterchen ein ansonsten ganz einfaches weißes Set. Wollen Sie für jedes Familienmitglied ein Set anfertigen, können Sie der Abwechslung halber jedes Set mit einem anderen

Blumenmotiv besticken. Auf der Abbildung unten ist das zweite Set z. B. mit einer Schlüsselblume (nächste Seite) verziert.

Sticken Sie zweifädig über 2 x 2 Gewebefäden.

Motiv-Fertigmaß: 13,7 x 9,5 cm

Material:

- Je nach Set-Größe ca. 45 x 35 cm Stoff „Annabelle" von Zweigart (3240/100) mit ca. 112 Fäden per 10 cm
- Anchor Sticktwist in den folgenden Farben:

■ 99	■ 109	301
291	■ 403	206
214	■ 217	216

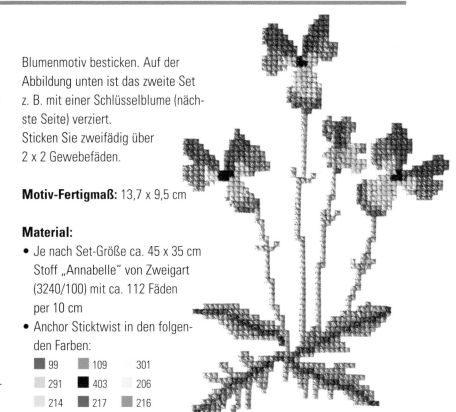

Primula veris

Einige Wildblumen hat der Mensch für so hübsch befunden, dass er sie zu Topf- und Gartenpflanzen „kultivierte". Die Primeln gehören z. B. dazu. Gegen Ende des Winters werden sie überall in Töpfen angeboten, wobei Farben und Formen mittlerweile eine unüberschaubare Vielfalt erreicht haben.

Die Frühlingsschlüsselblume blüht von April bis Mai auf Wiesen und an Waldrändern. Ihre dottergelben und süßlich duftenden Blüten hängen in Dolden an einem langen, schlanken Stiel, der aus der Mitte einer Blattrosette wächst.

Set

Ein Himmelsschlüsselchen, wie die Schlüsselblume auch genannt wird, lässt den Tag gut beginnen, wenn es, auf ein Set gestickt (s. Abb. auf Seite 15), das Frühstück verschönt. Sticken Sie zweifädig über 2 x 2 Gewebefäden.

Motiv-Fertigmaß: 14,6 x 9,1 cm

Material:

* Je nach Set-Größe ca. 45 x 35 cm Stoff „Annabelle" von Zweigart (3240/100) mit ca. 112 Fäden per 10 cm
* Anchor Sticktwist in den folgenden Farben:

■ 246	887	■ 914	244
242	891	288	■ 906

Fertigmaß bei einer anderen Stoffdichte vergrößert bzw. verkleinert. Die Kreuzstiche werden mit zweifädigem Sticktwist über 2 x 2 Gewebefäden gearbeitet, die eingezeichneten Steppstiche innerhalb der Blüte einfädig in der Farbe Nr. 76.

Motiv-Fertigmaß: 10,6 x 9,2 cm

Material:

- Stoff „Edinburgh" von Zweigart (3712/100) mit ca.140 Fäden per 10 cm
- Anchor Sticktwist in den folgenden Farben:

▉ 76	▉ 55	▨ 50	░ 24
░ 271	▨ 300	▨ 306	░ 206
▉ 901	▉ 860	▨ 242	▉ 218
▨ 244	▉ 42		

Rosa canina

Die Heckenrose hat nicht nur wunderschöne Blüten, aus ihren Früchten, den Hagebutten, kann man wohlschmeckenden Tee oder köstliche Marmelade herstellen.

Das gezeigte Einzelmotiv können Sie hervorragend in den Ecken einer Tischdecke oder eines Sets, auf einer Schürze oder einem Kissen platzieren. Beachten Sie jedoch, dass sich das angegebene Motiv-

Mitteldecke

Für die Tischdecke (Abb. Seite 21) wurde das Heckenrosen-Motiv etwas vereinfacht, was das Sticken erleichtert – vor allem dann, wenn das Motiv eine große Tischdecke

umlaufen soll. Besonders attraktiv bei dieser Mitteldecke ist der Stoff mit den eingewebten Quadraten. Sticken Sie zweifädig über 2 x 2 Gewebefäden.

Motiv-Fertigmaße:
Blüte 4,2 x 5 cm, Blatt 3,8 x 5,8 cm

Material:
• Stoff „Melrose" (7594/101) von Zweigart, ca. 113 Fäden per 10 cm

• Anchor Sticktwist in den folgenden Farben:

| 66 | 875 | 877 | 854 |
| 50 | 301 | 48 | |

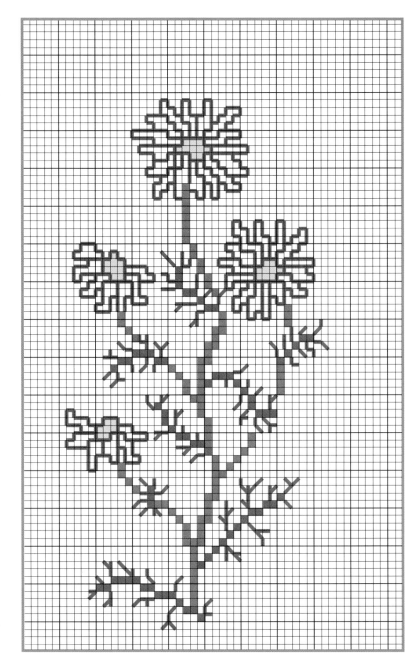

Matricaria chamomilla

Diese beliebte Heilpflanze hat viele bekannte Verwandte: Löwenzahn, Kopfsalat, Artischocke und Chrysantheme. Sie alle gehören zur großen Familie der Korbblütler.

So bescheiden die Echte Kamille auch daherkommt, ihre Blüten haben es in sich. Wegen ihrer wertvollen Inhaltsstoffe (u. a. ätherische Öle) finden sie eine vielseitige medizinische Verwendung. Und wer kennt nicht die lindernde Wirkung des bei vielen Unpässlichkeiten verabreichten Tees aus den getrockneten Blütenköpfen?

Schleife

Die Kamillenblüte ist weiß, und so kommt sie, in gestickter Form, auf einem farbigen Stoff am besten zur Geltung – so wie auf der abgebildeten Türschleife aus naturfarbenem Leinen.

Sticken Sie die Kreuzstiche zweifädig über 2 x 2 Gewebefäden. Die eingezeichneten Steppstiche werden in Dunkelgrün gearbeitet, innerhalb und um die Blüten herum einfädig, an den Blättern zweifädig.

Motiv-Fertigmaß: 15,3 x 7,6 cm

Material:

- Ca. 110 cm Reinleinen-Stickband von Zweigart (7000/36) mit 82 Fäden in der Breite
- Anchor Sticktwist in den folgenden Farben:

  ▓ 879 ▓ 860 ░ 302 ☐ 1

Geranium robertianum

Ruprechtskraut, oft auch Storch-
schnabel genannt, gehört zur Familie
der Storchschnabelgewächse. Diese
Bezeichnung ist auf die charakteris-
tische Form der Früchte zurückzuführen, die eben an den Schnabel
eines Storchs erinnern.
Die Pflanze mit den kleinen rosa
Blüten und den gelappten Blättern
wächst in Wäldern, an Mauern und
an Felsen.
In natura wird das Ruprechtskraut
etwa 10 bis 15 cm hoch, die vorge-
stellte Stickerei ist eine Vergröße-
rung. Das Motiv passt sehr gut auf
ein Set, einen Allzweckbeutel oder
eine Schleife.
Sticken Sie die Kreuzstiche zweifädig und die eingezeichneten
Steppstiche einfädig über 2 x 2 Gewebefäden.

Motiv-Fertigmaß: 13,8 x 9,2 cm

Material:
- Stoff „Linda" von Zweigart
  (1235/100) mit ca. 107 Fäden
  per 10 cm
- Anchor Sticktwist in den folgenden Farben:

■ 860	■ 216	▨ 203	■ 97
▨ 85	275	☐ 1	▬ 403

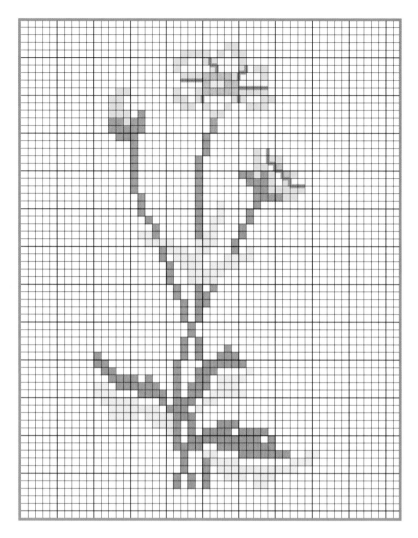

Ranunculus acris
Campanula rotundifolia
Auf Wiesen und Weiden findet man sowohl die Glockenblume als auch den Hahnenfuß. Während der Scharfe Hahnenfuß schon ab April blüht, ist die Rundblättrige Glockenblume erst ab Juli zu finden. Gemeinsam blühen sie dann bis in den September hinein.

Handtuchborte

Der gelb blühende Hahnenfuß in Kombination mit der blauen Glockenblume ergibt eine hübsche Handtuchborte. Im Mittelmotiv sind beide vereint, rechts und links davon stehen sie dann einzeln im Wechsel. Das Mittelmotiv mit Schmetterlingen wird zuerst gestickt. Sticken Sie die Kreuzstiche zwei-, die Steppstiche einfädig über 2 x 2 Gewebefäden. Der Abstand zum Hahnenfuß bzw. der Glockenblume (Vorlage Seite 28) und die weitere Anzahl der Einzelmotive links und rechts des Mittelmotivs wird individuell der vorhande-

nen Handtuchbreite angepasst.Beim
Hahnenfuß werden die Kreuzstiche
zweifädig, die Steppstiche innerhalb
der Blüten einfädig (in Dunkelgrün)
gearbeitet. Bei der Glockenblume
sind sowohl Kreuz- wie auch Steppstiche zweifädig ausgeführt.

Motiv-Fertigmaße:

Mittelmotiv 8,2 x 14,2 cm
Hahnenfuß 9,3 x 4,9 cm
Glockenblume 9,1 x 5 cm

Material:

- Zweigart Stickband (7229/1) mit
  ca. 19 Stichen auf 10 cm
- Anchor Sticktwist in den folgenden Farben:

Mittelmotiv:

▨ 216	▨ 875	▨ 122	▨ 117
▨ 378	▨ 295	▨ 291	

Motiv Hahnenfuß:

▨ 875	▨ 216	▨ 295
▨ 378	▨ 291	

Motiv Glockenblume:

▨ 122	▨ 118	▨ 117
▨ 875	▨ 216	

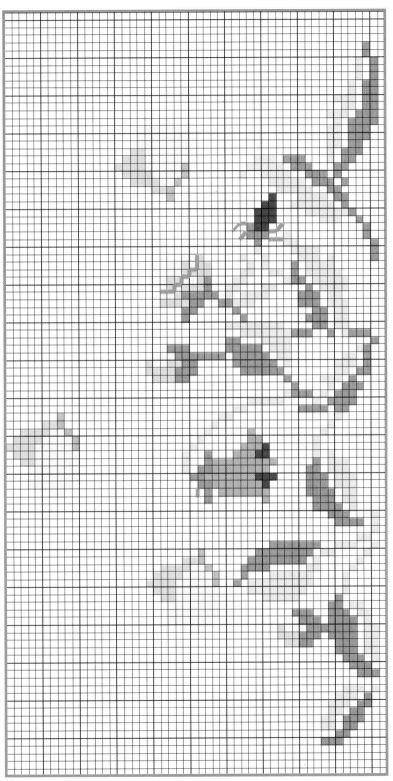

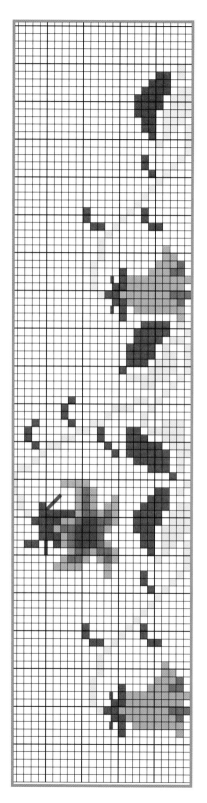

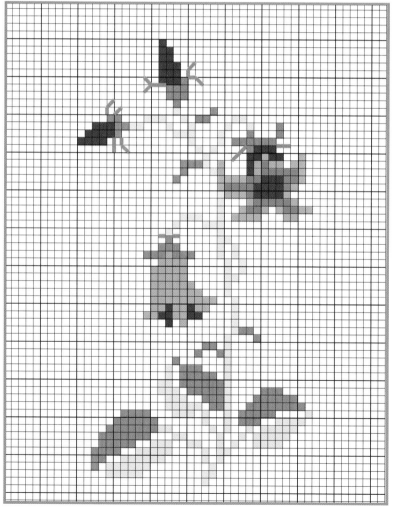

Mitteldecke

Auf dieser Mitteldecke ist die Glockenblume allein vertreten. Der Stoff „Saronno" ist mit 33 Kästchen auf 10 cm recht grob gewebt. Damit die Arbeit zu dem eher rustikalen Gewebe passt, sollte der Sticktwist dreifädig verarbeitet werden.

Motiv-Fertigmaß: 7,3 x 26,6 cm

Material:
- Stoff „Saronno" von Zweigart (7595/100) mit ca. 33 Kästchen per 10 cm
- Anchor Sticktwist in den folgenden Farben:

  ▨ 117 ■ 118 ▢ 875
  ■ 216 ■ 922

Papaver rhoeas

Hinter diesem lateinischen Namen verbirgt sich eine Wildblume, die die für unsere Breiten wohl intensivste Farbe hat: der Klatschmohn. Wer wäre nicht von den kräftigen roten Farbtupfern in einem reifen, gelben Kornfeld begeistert? Und wer schon einmal im Frühjahr in der Provence war, wird die von blühendem Mohn bedeckten, leuchtend roten Flächen sicher nicht so schnell vergessen.

Beutel

Der Beutel ist in schrägem Fadenverlauf genäht, sodass auf den ersten Blick nicht zu erkennen ist, dass sich das Stickmotiv auch gut als Eckmotiv für Tischwäsche eignet.

Sticken Sie die Kreuzstiche zweifädig und die Steppstiche einfädig über je 2 Gewebefäden.

Motiv-Fertigmaß: 9,4 x 9,2 cm

Material:
- Stoff „Linda" von Zweigart (1235/100) mit ca. 107 Fäden per 10 cm
- Anchor Sticktwist in den folgenden Farben:

876	214	44	47
46	401	— 403	

Bild Klatschmohn-Bukett

Man nehme Mohn, Glockenblume, Hahnenfuß, füge ein wenig Weizen und noch einige Blätter hinzu – und fertig ist ein farbenprächtiges Blumenarrangement. Gerahmt, hinter einem schönen Passepartout, kommt es am besten zur Geltung.

Sticken Sie die Kreuzstiche zweifädig, die eingezeichneten Steppstiche einfädig über 2 x 2 Gewebefäden.

Motiv-Fertigmaß: 17 x 15,3 cm

Material:
- Stoff „Linda" von Zweigart (1235/100) mit ca. 107 Fäden per 10 cm
- Anchor Sticktwist in den folgenden Farben:

213	875	879	216
876	290	291	307
243	13	236	46
11	226	118	872
939	292	301	— 888

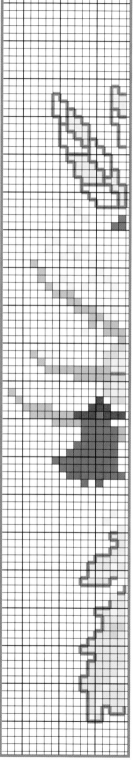

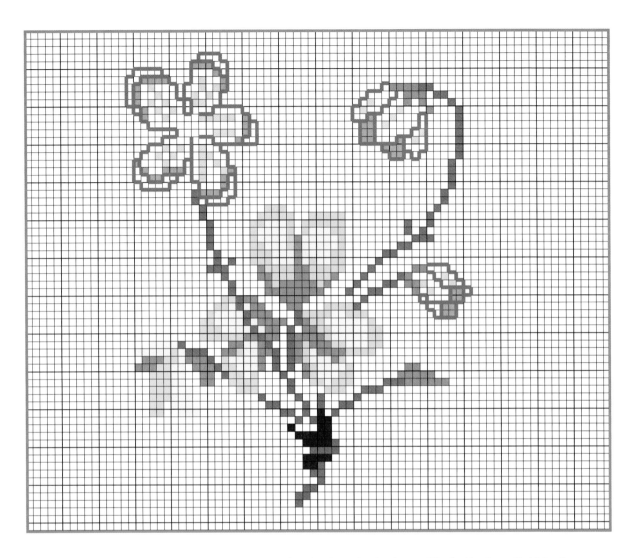

Oxalis acetosella

Mit seinen hellen und zarten Blüten, seinen blassgrünen Blättern und einer Höhe von nur 4 bis 10 cm gehört der Waldsauerklee zu den auf den ersten Blick unscheinbaren Vertretern unter den Wilpflanzen. Erst beim genauen Hinschauen entdeckt man seine Schönheit. Die weißen Blüten sind mit feinen violetten, strahlenförmigen Adern auf den Blütenblättern und einem gelben Fleck am Grund versehen. Wer die Pflanze einige Male berührt, kann beobachten, wie sich die Blüte zum Schutz schließt.

Bei dem gestickten Beispiel erhalten die hellen Blüten auf dem weißen Grund durch eine feine, zartviolette Steppstichlinie Kontur. Die hellen Blüten würden auch auf einem farbigen Stoff gut zur Geltung kommen. Sticken Sie die Kreuzstiche zweifädig über 2 x 2 Gewebefäden. Die Steppstiche werden einfädig gearbeitet.

Motiv-Fertigmaß: 10,5 x 8 cm

Material:
- Stoff „Annabelle" von Zweigart (3240/100) mit ca. 112 Fäden per 10 cm
- Anchor Sticktwist in den folgenden Farben:

■ 914	■ 905	253	■ 255
259	292	■ 870	☐ 1
— 872	342		

Solanum dulcamara

Bittersüß gehört wie Tollkirsche, Stechapfel und Tabak zu den Nachtschattengewächsen. Vorsicht: Giftig! In gestickter Form ist die Pflanze allerdings ganz harmlos ...

Brosche

Für die kleine Fläche auf einer Brosche sind die kleinen Blüten bestens geeignet.
Sticken Sie Kreuz- und Steppstiche zweifädig über 2 x 2 Gewebefäden.

Motiv-Fertigmaß: 4,3 x 3,3 cm

Material:
- Stoff „Edinburgh" von Zweigart (3217/100) mit ca. 140 Fäden per 10 cm
- Broschenhalterung (Art.-Nr. 8522) der Fa. Uhlig (56291 Laudert)
- Anchor Sticktwist in den folgenden Farben:

■ 879	■ 100
295	■ 92

Mitteldecke

Das Eckmotiv wird zweifädig über 2 x 2 Gewebefäden gestickt.

Motiv-Fertigmaß: 15,1 x 14 cm

Material:
- Stoff „Linda" von Zweigart (1235/100) mit ca. 107 Fäden per 10 cm
- Anchor Sticktwist in den folgenden Farben:

■ 876	■ 879	295
■ 100	■ 92	

Taraxacum officinale

Bei Rasenbesitzern ist der Löwenzahn nicht sonderlich beliebt, dafür um so mehr bei Kindern, die ihn vor allem lieben, wenn er schon verblüht ist; dann helfen sie gern dabei, dass die kleinen „Fallschirme" der Pusteblume möglichst weit fliegen können. Ob jedoch die weite Verbreitung dieser Wildpflanze allein auf die „Hilfe" der Kinder zurückzuführen ist, bleibt fraglich ...

Schleife

Die Pflanze mit den dottergelben Blüten und den langen, gezähnten Blättern sieht auf einem weißen Aida-Band sehr hübsch aus. Arbeiten Sie zweifädig über je ein Gewebekästchen.

Motiv-Fertigmaß: 8,9 x 3,8 cm

Material:
- Ca. 115 cm Zweigart Stickband (7315/1) in Aida-Bindung mit 28 Kästchen in der Breite
- Anchor Sticktwist in den folgenden Farben:

903	877	875
290	291	311

Bild Löwenzahn mit Topf

Hübsch gerahmt an der Wand ist diese kleine Idylle hübsch anzusehen. Befindet sich das Ganze dagegen im Garten, fällt es vielen wohl eher schwer, an einem solchen Anblick etwas Idyllisches zu finden. Sticken Sie zweifädig über 2 x 2 Gewebefäden.

Motiv-Fertigmaß: 13,3 x 11,1 cm

Material:
- Stoff „Annabelle" von Zweigart (3240/100) mit ca. 112 Fäden per 10 cm
- Anchor Sticktwist in den folgenden Farben:

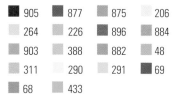

905	877	875	206
264	226	896	884
903	388	882	48
311	290	291	69
68	433		

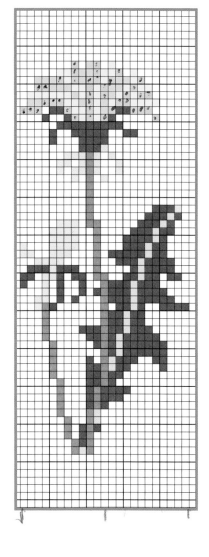

Hepatica nobilis

Wo ein Leberblümchen blüht, sind andere meist nicht weit. Die bis zu 15 cm hohe Staude ist sehr gesellig, und so findet man manchmal ganze Leberblümchen-Teppiche in den Laubwäldern. Die Blüten sind meist blau, manchmal aber auch hellblau, rötlich-violett, rosa oder sogar weiß. Die beiden vorgestellten Motive las-

sen sich so vielseitig einsetzen, dass man z. B. eine komplette Kaffeetafel-Ausstattung damit besticken kann: Tischdecke, Sets, Servietten nebst Haltern oder Tischband und -läufer.

Mitteldecke

Durch die grobe Gewebestruktur stellt sich das Motiv hier recht groß dar. Auf feinem Stoff gestickt, eignet es sich z. B. auch für eine Grußkarte. Sticken Sie dreifädig über je ein Gewebekästchen.

Motiv-Fertigmaß: 9,3 x 8 cm

Material:
- 90 x 90 cm große Jasmin-Mittel-decke von Smyrnafix (5623/10) mit ca. 42 Aida-Kästchen per 10 cm

- Anchor Sticktwist in den folgen-den Farben:

Serviettenring

Der verwendete Stoff sollte nicht zu dick sein. Der Serviettenring ent-stammt einem Seidenmalprogramm, und ein zu fester Stoff würde beim Einpassen Probleme bereiten. Sticken Sie zweifädig über 2 x 2 Ge-webefäden.

Motiv-Fertigmaß: 3 x 3,8 cm

Material:
- Stoff „Linda" (1235/100) von Zweigart, mit ca. 107 Fäden per 10 cm

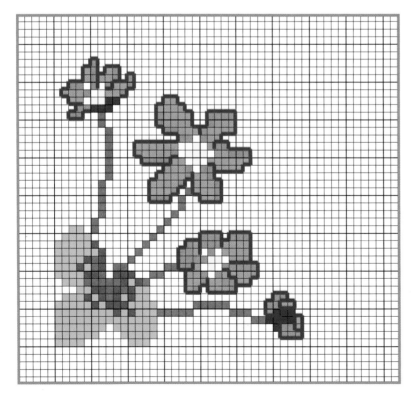

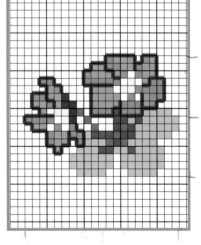

- Serviettenring (Art. 7322) der Fa. Uhlig (56291 Laudert)
- Anchor Sticktwist in den folgen-den Farben:

Gänseblümchen

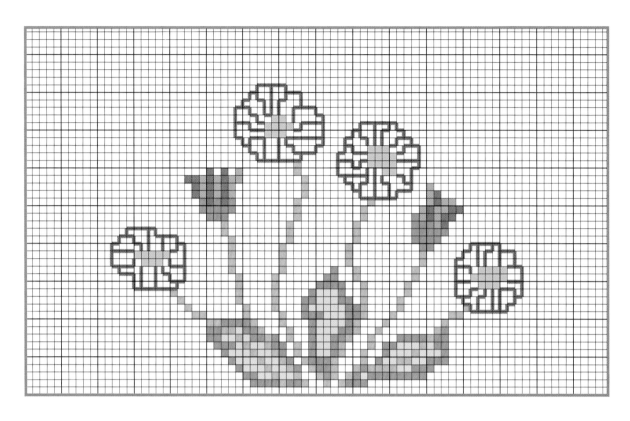

Bellis perennis

Das weit verbreitete, bei Kindern beliebte Gänseblümchen (aus dem man u. a. hübsche Kränze winden kann), wird von Erwachsenen kaum beachtet; wahrgenommen wird es eigentlich nur von jenen Gartenbesitzern, die der Meinung sind, dass es – in größerer Ansammlung – auf ihrem gepflegten Rasen nichts zu suchen hat ...

Grußkarte

Die Gänseblümchen auf dieser Glückwunschkarte wurden auf dem sehr feinen Stoff „Edinburgh" gearbeitet und wirken damit sehr zierlich. Wählen Sie einen gröberen Stoff, vergrößert sich das Motiv entsprechend und ist dann beispielsweise

auch für eine Mitteldecke, für Sets, Beutel oder andere Dinge geeignet. Sticken Sie die Kreuzstiche zweifädig über 2 x 2 Gewebefäden. Die eingezeichneten Steppstiche werden einfädig gearbeitet.
Fertige Passepartoutkarten können Sie in Schreibwarengeschäften kaufen. Sollten Sie sie in der gewünschten Farbe nicht erhalten, können Sie die Karte auch selbst zuschneiden: aus Tonpapier, das es in fast jeder Farbe gibt.

Motiv-Fertigmaß: 5,5 x 6,2 cm

Material:

• Stoff „Edinburgh" von Zweigart (3217/100) mit ca. 140 Fäden per 10 cm

• Anchor Sticktwist in den folgenden Farben:

▨ 378	▨ 215	▨ 214	▨ 76
▨ 68	▨ 313	☐ 1	

Bild mit Wiese

Im Gegensatz zum gepflegten Gartenrasen ist eine richtige Wiese ohne Gänseblümchen undenkbar! Der gestickten Gänseblümchen-Wiese geben das richtige Passepartout und der passende Rahmen die ihr zukommende Bedeutung. Wie Sie aus der Abbildung ersehen, kann man durch einen ungewöhnlichen Passepartout-Ausschnitt (der hier der Form des Motivs folgt) und eine auf die Stickerei abgestimmte Farbe die Wirkung noch unterstreichen.

Das Motiv würde aber auch in der Mitte einer Tischdecke sehr schön „zum Blühen" kommen. Um die richtige Wirkung zu erzielen, müssten Sie es viermal sticken, und zwar so, dass seine unteren geraden Kanten jeweils zur Mitte zeigen und deren Eckpunkte aneinandertreffen. So ergibt sich ein unbesticktes Quadrat, in das Sie z. B. eine Vase stellen können.

Sticken Sie die Kreuzstiche zweifädig, die eingezeichneten Steppstiche einfädig über 2 x 2 Gewebefäden.

Motiv-Fertigmaß: 9 x 16,2 cm

Material:
- Stoff „Linda" von Zweigart (1235/100) mit ca. 107 Fäden per 10 cm
- Anchor Sticktwist in den folgenden Farben:

■ 879	■ 860	■ 877	226
■ 268	875	■ 378	291
■ 68	■ 76	■ 313	■ 99
■ 85	□ 1		

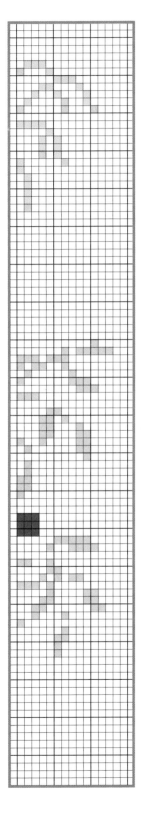

Adonis aestivalis

Als der junge, schöne Adonis, so erzählt eine griechische Sage, auf der Jagd getötet wurde, wuchs überall, wo sein Blut auf die Erde tropfte, eine kleine Rose.

Das Adonisröschen gehört, mit dem Klatschmohn, zu den farbintensivsten Wildblumen .

Bild Adonisröschen

Das Blumen-Arrangement eignet sich gut für ein gerahmtes Bild. Sticken Sie zweifädig über 2 x 2 Gewebefäden.

Motiv-Fertigmaß: 18 x 16,5 cm

Material:
- Stoff „Linda" von Zweigart (1235/100) mit ca.107 Fäden per 10 cm
- Anchor Sticktwist in den folgenden Farben:

■ 879	■ 210	240	242
■ 13	■ 896	■ 65	306
311	■ 403	216	890
891	208	■ 978	■ 872
■ 977	290	976	

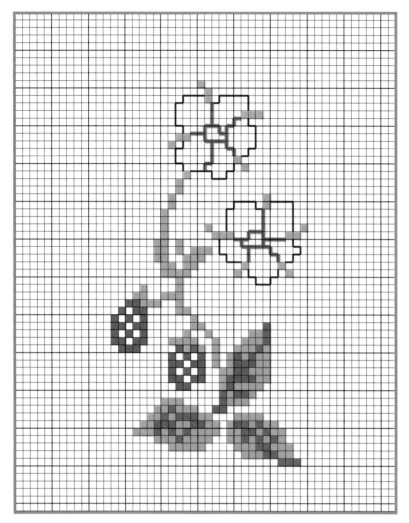

Fragaria vesca

Die 10 bis 15 cm hoch werdende Walderdbeere gehört zur Familie der Rosengewächse. Ihre kleinen weißen Blüten mit den gelben Staubgefäßen wirken sehr zart und filigran.

Blüten und Blätter sind leicht mit denen des Erdbeerfingerkrauts zu verwechseln. Zur Fruchtzeit aber ist jeder Irrtum ausgeschlossen. Natürlich sind die leuchtend roten Früchte der Walderdbeere nicht so groß wie die der Kulturformen, dafür aber wesentlich aromatischer und herrlich süß. Allerdings: Vor dem Genießen steht das (recht mühsame) Sammeln!

Schleife

Auf dem naturfarbenen Leinen setzt sich das Weiß der Blüten zwar gut ab, doch um den Kontrast noch deutlicher herauszuarbeiten, wurden ihre Konturen mit grünen Steppstichen betont.
Sticken Sie sowohl die Kreuz- wie auch die Steppstiche zweifädig über 2 x 2 Gewebefäden.

Motiv-Fertigmaß: 11,2 x 5,8 cm

Material:

- Ca. 120 cm Reinleinen-Stickband von Zweigart (7173/36) mit ca. 90 Fäden per 10 cm
- Anchor Sticktwist in den folgenden Farben:

| ▬ 218 | ▬ 216 | 291 |
| □ 1 | ▬ 19 | |

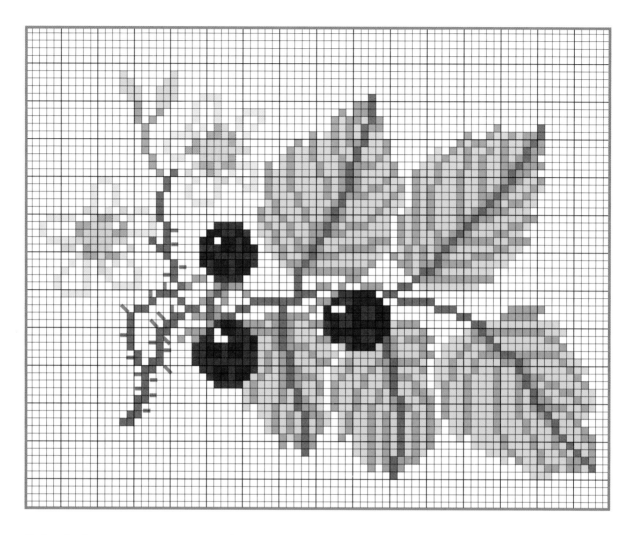

Rubus fruticosus

Um an die blauschwarzen, aromatischen Früchte heranzukommen, muss man meist einige Kratzer in Kauf nehmen; der dicht wachsende, stark verzweigte Strauch hat nämlich sehr stachelige Stengel. Die widerstandsfähige Pflanze ist mit etwa 2000 Arten über die ganze Welt verbreitet. Aus den Beeren lässt sich eine wohlschmeckende Marmelade kochen, aus den getrockneten Blättern kann man Tee zubereiten. Die Ranken des Brombeerstrauchs sind nicht nur stachelig, sondern auch sehr lang, oft bis zu einigen Metern. So wurde – aus rein praktischen Erwägungen – das Stickmotiv auf ein Rankenende beschränkt ... Sticken Sie Kreuz- und Steppstiche zweifädig über 2 x 2 Gewebefäden.

Motiv-Fertigmaß: 7,7 x 10,5 cm

Material:
- Stoff „Edinburgh" von Zweigart (3217/100) mit ca. 140 Fäden per 10 cm
- Anchor Sticktwist in den folgenden Farben:

■ 246	■ 127	■ 102	■ 244
242	874	■ 25	271
□ 1	— 914		

Ackerwinde

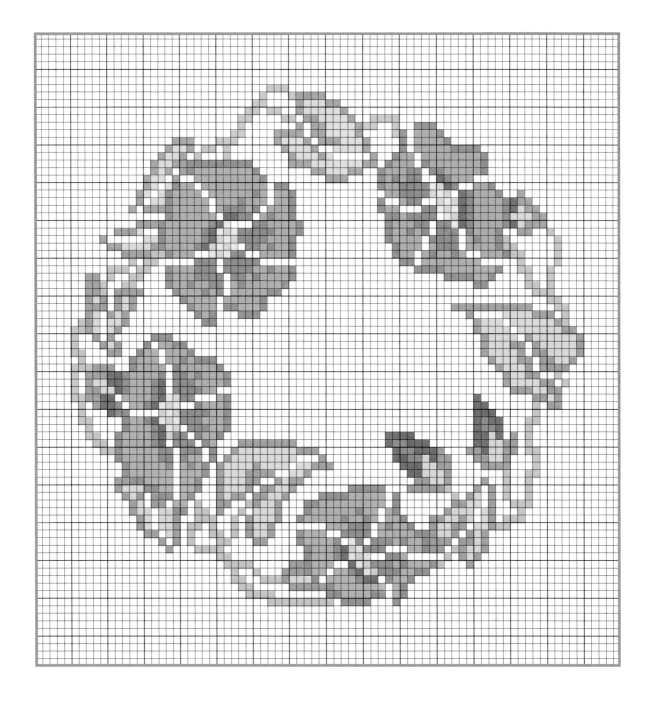

Convolvulus arvensis

Die Ackerwinde als Rankgewächs
gibt ein besonders „schwungvolles"
Stickmotiv ab. Genauso schwungvoll
aber windet sie sich in natura mit
ihren oft meterlangen Trieben um
andere Pflanzen, die dann meistens
das Nachsehen haben und regel-
recht erdrückt werden.
Wunderschön sind die trichterförmi-
gen Blüten, die weiß, rosa oder
rosaweiß gestreift sein können. Die
Blütenmitte ist gelb.

Kissen

Die Kranzform eignet sich gut für die
quadratische Fläche eines Kissens.
Sticken Sie zweifädig über 2 x 2 Gewebefäden.

Motiv-Fertigmaß: 12,2 x 11,8 cm

Material:
- Je nach geplantem Kissen ca.
  60 x 60 cm Stoff „Annabelle" von
  Zweigart (3240/100) mit ca.
  112 Fäden per 10 cm

- Anchor Sticktwist in den folgenden Farben:

  226   242   244   76
  66   68   874   887

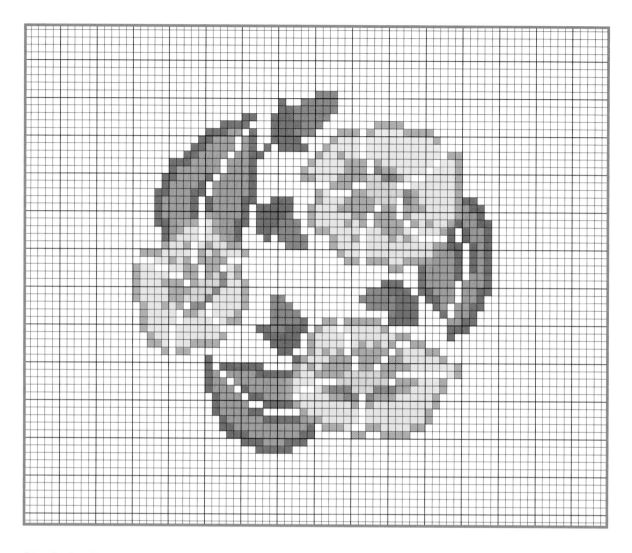

Gürtelschnalle

Da Broschen, Gürtelschnallen oder
Kettenanhänger verhältnismäßig
klein sind und damit das Motiv auch
in den vorgegebenen Rahmen passt,
muss man für die Stickerei immer
einen entsprechend fein gewebten
Stoff, wie etwa den hier verwendeten „Edinburgh", wählen. Die Gürtel-
schnalle ist mit ihren 8,6 cm Durch-
messer allerdings noch relativ groß.
Sticken Sie zweifädig über 2 x 2 Gewebefäden.

Motiv-Fertigmaß: 7 x 6,8 cm

Material:
- Stoff „Edinburgh" von Zweigart
  (3217/100) mit ca. 140 Fäden
  per 10 cm
- Anchor Sticktwist in den folgenden Farben:

  | ■ 879 | ■ 216 | ■ 76 | ■ 75 |
  | ■ 891 | ■ 50 |

Centaurea cyanus
Tanacetum vulgare

Trotz ihres unterschiedlichen Aussehens gehören beide Pflanzen zur selben Familie: den Korbblütlern. Ihre Standorte teilen sie jedoch oft. Rainfarn wie auch Kornblume wachsen gern an Wegrändern, Ackergrenzen und auf Schuttplätzen. In Getreidefeldern, die früher oft blau durchsetzt waren, sind Kornblumen allerdings heutzutage fast überhaupt nicht mehr zu finden.

Schleife

Blau und Gelb ist eine beliebte Farbkombination. Auf eine Schleife gestickt, können Kornblume und Rainfarn einen hübschen Farbtupfer in ein Getreidegebinde bringen. Sticken Sie sowohl Kreuz- wie auch Steppstiche zweifädig über je ein Gewebekästchen.

Motiv-Fertigmaße:

Kornblume 11,4 x 3,4 cm
Rainfarn 15,1 x 5,4 cm

Material:

- 90 cm Zweigart Stickband (7008/1) mit 42 Aida-Kästchen in der Breite
- Anchor Sticktwist in den folgenden Farben:

Kornblume:

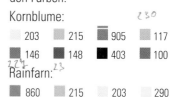

| 203 | 215 | 905 | 117 |
| 146 | 148 | 403 | 100 |

Rainfarn:

| 860 | 215 | 203 | 290 |

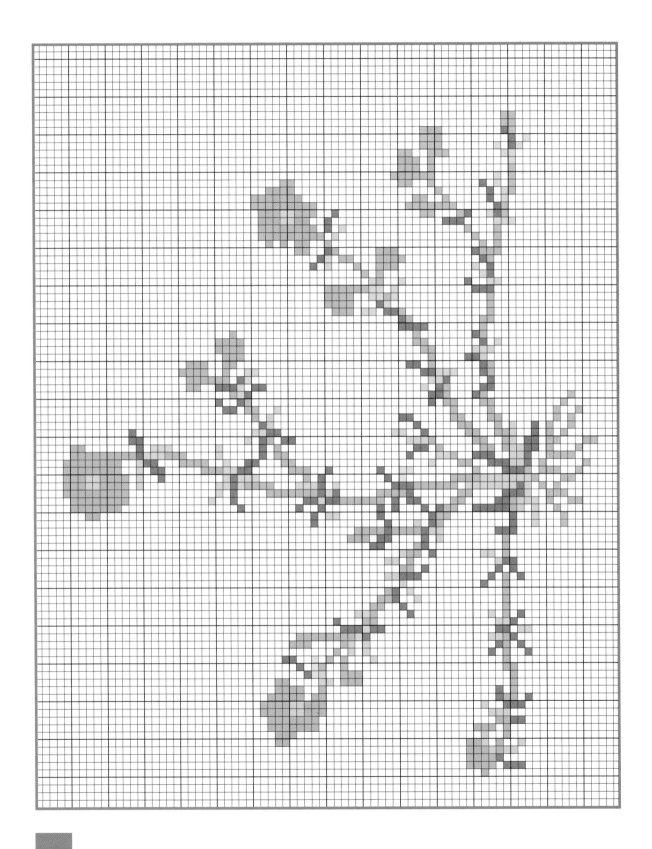

Spergularia rubra

Mieren sind nicht gerade die Lieblingspflanzen der Gartenbesitzer, denn ihre Wurzeln lassen sich nur sehr schwer vollständig aus dem Boden ziehen. Doch wenn man genau hinsieht, hat auch dieses „Unkraut" seinen Reiz. Die Blüten sind zwar sehr klein, doch leuchten sie in einem satten, warmen Orange aus dem Grün heraus.
Sticken Sie zweifädig über 2 x 2 Gewebefäden.

Motiv-Fertigmaß: 12,6 x 15 cm

Material:
- Stoff „Annabelle" von Zweigart (3240/100) mit ca. 112 Fäden per 10 cm
- Anchor Sticktwist in den folgenden Farben:

  ▨ 378   ▨ 860   ▨ 203   ▨ 226
  ▨ 253   ▨ 328

Arum maculatum

In Deutschland gibt es nur drei
Arten aus der Familie der Aronstab-
gewächse, die weltweit mit rund
1800 Arten vertreten ist, vornehm-
lich in tropischen und subtropischen
Wäldern. Auch bei uns wächst der
Aronstab vor allem in Laubwäldern.
Das, was wir auf den ersten Blick
als Blüte ansehen, ist das an eine
Lilie erinnernde Hochblatt. Doch dieses umhüllt nur den kolbenförmigen
Blütenstand, an dem die unscheinbaren männlichen und weiblichen
Blüten stehen. Die Früchte sind
fleischige, orangerote Beeren. Die
Pflanze mit den großen, pfeilförmi-
gen Blättern wird bis zu 40 cm hoch.

Glockenzug

Ein „blühender" Aronstab samt
knolligem Wurzelstock ziert hier
einen Glockenzug.
Sticken Sie die Kreuzstiche zweifädig und die Steppstiche einfädig
über 2 x 2 Gewebefäden.

Motiv-Fertigmaß: 24,3 x 7 cm

Material:
- 35 x 18 cm Stoff „Annabelle"
  von Zweigart (3240/100) mit
  ca. 112 Fäden auf 10 cm
- Glockenzughalterung, 9,5 cm,
  (aus dem Handarbeitsgeschäft)
- Anchor Sticktwist in den folgenden Farben:

■ 217	■ 876	214	■ 360
378	213	259	264
■ 68	■ 69	398	275
253	□ 1		

Super! Sticken mit Coats Mez.

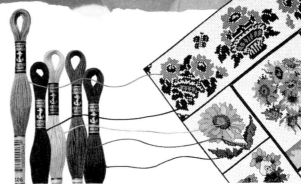